AF296158

PROCÈS

DU

LIEUTENANT-GÉNÉRAL SAVARY,

DUC DE ROVIGO,

AVEC

LE PLAIDOYER DE M^E. DUPIN,

DEVANT LE 1er CONSEIL DE GUERRE;

ET LA DÉCISION DE CE CONSEIL, EN DATE DU 27 DÉCEMBRE 1819,
QUI ACQUITTE LE DUC A L'UNANIMITÉ.

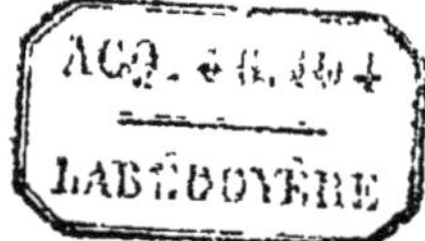

.... « En pareil cas, en usent bien sagement ceux qui laissent faire l'entrée aux autres, et se présentent en seconde ligne pour se justifier; parce que les dernières accusations sont toujours plus douces et plus mollement poursuivies. »

AYRAULT, *de l'Ordre, Formalité et Practique, judiciaire*, livre III, n° 31.

PARIS.

DE L'IMPRIMERIE DE BAUDOUIN FRÈRES,

RUE DE VAUGIRARD, N° 36.

JANVIER 1820.

PROCÈS

DU

LIEUTENANT-GÉNÉRAL SAVARY,

DUC DE ROVIGO.

La séance commence à dix heures.

Le conseil est composé de M. le lieutenant-général comte Damas, président ; de MM. les lieutenans-généraux comte Lagrange et comte Guilleminot; de MM. les colonels Doguereau et Bourgoin, et de MM. les capitaines Tarret et Mériel. M. le capitaine Lonlay remplit les fonctions de procureur du Roi; M. le chef de bataillon Chambeau, celles de rapporteur ; et M. Deschamps, celles de greffier.

M. le rapporteur donne lecture des pièces du procès.

Ces pièces sont : 1° le jugement rendu par le conseil de guerre, le 24 décembre 1816, qui condamne le duc de Rovigo à la peine de mort, comme compris dans l'ordonnance du 24 juillet 1815, pour prétendu crime de trahison, et pour avoir pris part au prétendu complot qui, en 1815, aurait ramené Napoléon en France.

2°. Un décret du 20 mars 1815, qui nomme le duc de Rovigo, premier inspecteur-général de la gendarmerie.

3°. Une lettre sans date et sans adresse, signée *le duc de Rovigo*, et ainsi conçue :

« J'avais nommé le docteur Renoult médecin des prisons d'État. Il a été renvoyé ; et c'est lui qui, dans l'année qui vient de s'écouler, a été le colporteur et l'entremet-

1

teur entre l'île d'Elbe et nous. Il est connu au ministère, et fera bien ce qu'on demandera de lui. Il a fait les guerres d'Italie et de Pologne. »

4°. Le procès-verbal de l'interrogatoire subi par le duc de Rovigo devant le capitaine-rapporteur. On remarque, dans cet interrogatoire, les demandes et les réponses suivantes :

D. Je vous représente cette lettre où il est question du docteur Renoult; reconnaissez-vous l'avoir écrite?

R. L'auteur de cet écrit a assez bien imité mon écriture. Si l'on me présentait un billet à ordre ainsi écrit et signé, je paierais probablement; mais cette lettre se rattacherait à des faits d'une telle importance, qu'il serait impossible qu'ils fussent sortis de ma mémoire, et je suis bien sûr de ne l'avoir ni écrite ni signée. Je sais que, pendant que j'ai été ministre, on a plusieurs fois falsifié ma signature, que l'on a principalemeut apposée sur des permis de revenir d'Angleterre en France.

D. En 1815, avez-vous entretenu des intelligences avec l'île d'Elbe?

R. En aucune manière. Au mois de juin 1814, un nommé Pellart, que je savais être attaché à l'empereur Napoléon, vint me trouver en revenant de l'île d'Elbe. Il me dit qu'il avait été chargé par Napoléon de me dire qu'il se portait bien, et de me recommander de tenir une conduite réservée, d'être tranquille, et de ne donner aucune prise à la malveillance. J'invitai le sieur Pellart à se rendre près de M. Beugnot, alors chargé de la police, pour lui rendre compte de ce qu'il venait de me dire.

D. Quel jour avez-vous accepté la place de premier inspecteur-général de la gendarmerie?

R. Le 21 mars, au lever de l'empereur, il m'apprit que, par un décret daté de la veille, il m'avait nommé premier inspecteur-général de la gendarmerie. Je ne répondis

(5)

pas·que j'acceptais. Je priai M. le colonel Lagorce de se rendre près de M. le maréchal Moncey, pour le prier de conserver la place de premier inspecteur-général. M. le maréchal fut sensible à ma démarche, mais il refusa de garder la place. Le lendemain, dans la soirée, j'allai moi-même chez M. le maréchal avec M. le colonel Lagorce. Je renouvelai mes instances pour qu'il conservât l'emploi de premier inspecteur-général ; il s'y refusa encore, et m'engagea à ne pas différer plus long-temps d'accepter cet emploi. Je devais de la déférence aux avis d'un maréchal que j'avais vu si souvent et si glorieusement commander nos armées. L'emploi de premier inspecteur de la gendarmerie n'avait d'ailleurs pour objet que la sûreté des personnes et des propriétés.

Je regardai mon patriotisme comme intéressé à accepter la place ; ce n'est néanmoins que le 23 mars que je suis entré en fonctions.

Après la lecture des pièces, M. le duc de Rovigo est introduit. Sa contenance est noble et assurée. Il porte les signes de son grade de lieutenant-général et de grand officier de la légion-d'honneur. Tous les membres du conseil se lèvent pour répondre à son salut.

M. le président : Vous êtes M. Savary, duc de Rovigo.

R. Oui, M. le président.

M. le président : La loi m'ordonne de vous demander vos nom, prénoms, âge, lieu de naissance, domicile.

Le duc de Rovigo : « Messieurs, j'appelais depuis quatre ans par mes vœux le jour qui luit enfin pour moi. Des circonstances qu'il ne m'a pas été donné de vaincre, m'ont retenu durant cet intervalle sur des terres étrangères, et m'ont empêché de paraître devant le premier conseil de guerre qui a statué sur l'accusation dont je suis l'objet. J'y aurais paru avec la même confiance que je ressens aujourd'hui, convaincu qu'au tribunal des braves la justice efface

2*

tous les souvenirs , et l'honneur reprend tous ses. droits. Il n'a pas dépendu de moi d'abréger le terme de mon exil ; ils. le croiront aisément, ceux qui ont ressenti le tourment d'un Français absent de sa patrie. Il a été si violent pour moi, qu'à peine j'ai pu me dégager des entraves qui me retenaient ailleurs, que j'ai accouru avec précipitation. Plein de confiance dans la justice de ma cause, c'eût été en manquer dans l'équité du gouvernement que d'hésiter.

» Mes vœux sont comblés en me trouvant devant d'anciens pairs de l'armée, et je m'en remets à leur décision , avec autant de confiance que j'en aurais encore à combattre à côté d'eux.

» Je sollicite de votre bonté, Messieurs, d'entendre l'honorable orateur qui a bien voulu me prêter l'appui de son ministère dans une position où l'homme le plus rassuré par sa conscience ne doit point s'en rapporter à lui-même.

» Je l'ai chargé spécialement de vous rendre compte de la conduite que j'ai tenue pendant mon exil. »

M. le président : M. le Duc, je vous renouvelle ma question sur vos nom , prénoms , etc.

Le duc de Rovigo : Je me nomme Anne-Jean-Marie-René Savary , duc de Rovigo , âgé de 45 ans , lieutenant-général, grand-officier de la Légion-d'Honneur et de l'ordre de la Fidélité de Bade , chevalier de la Couronne de Fer.

On passe à l'audition des témoins.

M. le docteur Renoult : La lettre où il est parlé de moi m'a été représentée. Je ne crois pas qu'elle soit de M. le duc de Rovigo. Je n'y ai pas reconnu les caractères de son écriture. Les faits qu'elle énonce sont absolument faux, et M. le duc de Rovigo ne peut pas être la personne qui les a supposés. Il y est dit que je demandais la place de médecin des prisons d'État; mais je savais que les prisons d'État avaient été supprimées, et qu'elles ne devaient pas être rétablies. Il y est dit encore que j'étais colporteur et entremetteur entre l'île d'Elbe et la France ; mais j'étais alors attaché au service de santé, près la préfecture de police, où tous les jours je donnais ma signature, ce qui ne pouvait guère se concilier avec des voyages à l'île d'Elbe. J'ai prouvé tous ces faits ; et c'est le motif pour lequel j'ai été remis en liberté, après avoir été en prison pendant trois mois, en 1816, par rapport à la lettre supposée dont il s'agit.

M. le colonel Lagorce, et M. Yvert, chef des bureaux de la gendarmerie, confirment, par leurs dépositions, tout ce qui a été dit par M. le duc de Rovigo, sur les difficultés qu'il a faites d'accepter la place de premier inspecteur-général, et sur l'époque à laquelle il en a exercé les fonctions.

Deux experts écrivains déclarent que leur art leur a révélé que la lettre signée *duc de Rovigo* est de la main du duc.

M. le rapporteur prend la parole : il annonce que toute l'accusation ne repose que sur la lettre attribuée au duc de Rovigo, et sur le décret qui l'a nommé premier inspecteur-général de la gendarmerie. Malgré les assertions des experts-écrivains, il révoque en doute que la lettre soit de la main de M. le duc ; et, d'ailleurs, il lui serait bien difficile de voir dans cette lettre la preuve que le duc se fût rendu coupable de trahison. Sur le second chef d'accusation, tiré de ce que le duc de Rovigo aurait accepté, avant le 23 mars, l'emploi de premier inspecteur-général, M. le rapporteur exprime également des doutes, et s'en remet à la sagesse du conseil.

*M*ᵉ *Dupin :* « Messieurs, fort du témoignage de sa conscience, et pénétré d'une confiance entière dans la justice du Roi, dans la modération de son gouvernement, et dans l'équité de ses juges, M. le duc de Rovigo, lieutenant-général des armées françaises, est venu, au sein même de la capitale, se constituer prisonnier et solliciter, non pas sa grâce (il n'appartient qu'aux coupables de la demander où de la recevoir), mais le jugement impartial de l'accusation portée contre lui.

» Dans un temps de troubles , de malheurs et de réactions ; lorsque le duc , retenu malgré lui sur une plage étrangère , était privé du droit de se défendre ; des juges , exempts de partialité sans doute, mais entourés , par le fait, des plus sinistres préventions, ont prononcé contre lui la cruelle peine de mort !

» Mais telle est la nature des condamnations par contumace, qu'elles tombent d'elles-mêmes à la première apparition de l'accusé. A son seul aspect , les choses sónt remises de plein droit en leur premier état , et la cause , redevenue entière , doit être examinée de nouveau , sans qu'il puisse résulter le moindre préjugé de la précédente décision.

» Remercions donc la Providence de ce qu'elle a voulu que ce procès ne pût s'agiter contradictoirement, qu'à une époque où le gouvernement se trouvant mieux affermi , les passions étant moins irritées , et les hommes paraissant devenus plus sages , tout viendrait concourir à rendre plus facile la justification de l'accusé.

» Elle sera complète, je l'espère.

» Mais, avant tout, Messieurs, je dois , pour me conformer à mon mandat, mettre sous vos yeux la conduite de M. le duc de Rovigo, et vous faire connaître les causes indépendantes de sa volonté, qui jusqu'à présent ne lui ont pas permis de comparaître devant vous.

» C'est pour la première fois, Messieurs , que j'ai l'honneur de parler devant un conseil de guerre ; mais j'ose me livrer à l'espoir que les chefs de l'armée entendront avec quelqu'indulgence un avocat qui s'est consacré avec un entier dévouement à la cause des militaires accusés ou proscrits.

» M. le duc de Rovigo ne dissimule pas qu'il doit à l'empereur Napoléon sa fortune, ses honneurs, et la haute existence dont il a joui sous son règne ; mais la reconnaissance qu'il en a conservée ne l'a point porté à trahir ce qu'il devait à la France, et au gouvernement que la restauration nous a rendu.

» Au mois d'avril 1814, le duc de Rovigo se retira dans sa terre de Nainville, à dix lieues de Paris. Aucun emploi ne lui fut confié, il ne devint l'objet d'aucune grâce de cour ; malgré l'éminence de son grade, il ne fut pas même nommé chevalier de Saint-Louis ; on n'exigea de lui aucun serment ; il était sans place, sans fonctions, sans pouvoir, sans activité, à demi-solde enfin.

» Pendant près d'une année, il est resté constamment à Nainville, et n'est venu que deux fois à Paris, pendant vingt-quatre heures seulement, pour assister aux couches de madame la duchesse, et s'assurer par lui-même de l'état de sa santé.

» La police d'alors (si elle était bien faite), doit savoir dans quel isolement vivait M. le duc de Rovigo ; il ne voyait que sa famille et quelques-uns de ces amis ordinairement si rares, dont l'attachement survit à la disgrâce des hommes en place.

» Le duc était surtout bien éloigné d'entretenir des communications avec l'île d'Elbe. La seule circonstance où il ait reçu des nouvelles directes de l'empereur, est consignée dans son interrogatoire ; ces nouvelles, qui ne consistaient que dans des formules d'obligeance, n'avaient aucun caractère inquiétant ; d'ailleurs, le duc eut le soin d'en informer le gouvernement, qui en effet n'en conçut aucun ombrage.

» Plusieurs mois s'étaient écoulés depuis que le duc menait une vie paisible et heureuse, exclusivement occupé d'agriculture et des soins qu'il donnait à l'éducation de ses enfans, lorsque la nouvelle du débarquement de Cannes vint troubler la sécurité générale.

» Aussitôt le duc se vit soupçonné , menacé ; il fut pré-venu qu'on devait l'arrêter ; mais alors ce prétendu com-plice de Napoléon , qui apparemment aurait dû fuir de son côté , pour aller renforcer son parti , prend une route op-posée ; il vient à Paris , et s'y tient caché dans une complète inaction , uniquement occupé du soin de sa sûreté person-nelle , et sans prendre aucune part aux événemens.

» Napoléon arrive à Paris : le duc est mandé aux Tuile-ries ; il y va dans la soirée du 20 mars. Le cercle était nom-breux , et le duc put se convaincre que l'invitation qu'il avait reçue n'était pas privilégiée.

» Que va-t-il se passer? Quel accueil recevra le duc de Rovigo? S'il a été l'un des conspirateurs , s'il a préparé ou facilité le retour de l'île d'Elbe , il va recevoir le prix de ses services ; s'il n'obtient pas un accroissement de puissance et de crédit , du moins il n'obtiendra pas au retour un poste inférieur à celui qu'il occupait le jour du départ. Eh bien ! Napoléon ne rappelle point le duc au ministère, et ce n'est qu'à la seconde entrevue qu'il dit, pour toute faveur, à son ancien ministre de la police : *Je vous ai nommé ins-pecteur-général de la gendarmerie.*

» Loin d'accepter avec empressement, le duc hésite ; il lutte pendant plusieurs jours , il envoie même sa démission; et si plus tard il se résout à accepter , c'est par la seule con-sidération que le poste qu'on lui confie n'a rien d'hostile, parce qu'il a pour principal objet le maintien du bon ordre, la sûreté des personnes et des propriétés ; il ne l'accepte en-fin que dans l'espoir d'y faire du bien, comme il ne l'a quitté qu'avec la conscience de l'avoir opéré , en rendant une foule de services particuliers. Aussi, à son retour à Paris , le duc s'en est vu récompensé par l'intérêt que se sont empressés de lui témoigner des hommes de toutes les classes, de tous les régimes, de toutes les opinions.

» Je passe rapidement sur les cent jours.

» La bataille de Waterloo est perdue........ ; et déjà je vois le général Savary sur le *Béllérophon* (1).

» Il croyait n'être que prisonnier de guerre : on le fait prisonnier d'État. Séparé de Napoléon, il est conduit à Malte et jeté dans un fort.

» Pendant ce temps, les ennemis du duc agissaient contre lui. Une liste est dressée!.... Il est inscrit sur ces funestes tables ; et toutefois, malgré la haine de ses ennemis, dans l'opinion même de ses délateurs, il ne doit y figurer que le dernier. Le duc voudra toujours ignorer à quelle main il est redevable de sa proscription ; il ne l'apprendrait que pour l'oublier. Seulement, je dois vous faire remarquer qu'au 24 juillet 1815, il n'existait aucune charge contre lui, puisque dans le rapport fait au conseil de guerre, lors du jugement de contumace (2), se trouve la preuve que ce n'est qu'à *la fin d'août* 1816, qu'on a, dit-on, découvert, produit ou créé la fameuse lettre sans date, sans adresse, sans authenticité, dont on s'est fait depuis une arme mortelle contre le duc.

» Ce dernier était si convaincu de son innocence, que, dans tout le cours de sa captivité à Malte (qui a duré jusqu'au mois d'avril 1816), il ne cessait de demander à être reconduit dans sa patrie pour y être jugé conformément aux lois. Il ne voulait pas croire ce que lui disait souvent l'officier anglais préposé à sa garde : *qu'il faisait meilleur à Malte qu'à Paris.* Il ignorait ce qui se passait en France, et à quel point, sous le meilleur des rois, les passions, déchaînées en tout sens, faisaient venir les lois et les jugemens au secours de la haine, de la vengeance et des réactions.

» Peu après cependant, comme il apprit la mort du ma-

---

(1) Le duc ayant adhéré à la fortune de Napoléon, ne crut pas devoir l'abandonner dans ses revers : il s'embarqua avec lui.

(2) Voyez le *Moniteur* du 27 décembre 1816.

réchal Ney, l'avis de l'officier anglais lui revint en mémoire ; et lorsqu'en avril 1816, il fut parvenu à s'échapper de Malte, il s'embarqua sur un navire qui faisait voile vers l'Archipel.

» Le 18 avril 1816, le duc aborde à Smyrne ; il touche ces rivages autrefois le théâtre de la gloire et de la liberté des Grecs, aujourd'hui soumis à ce que l'orgueil européen est convenu d'appeler le despotisme turc ; pays cependant où l'on sait encore respecter le malheur et donner l'hospitalité.

» Mais à peine arrivé, ses pensées se reportent de nouveau vers sa famille et vers la France. Il revient à son projet de se faire juger. Il écrit à Paris ; il demande des juges : une première réponse exprime le danger qu'il y aurait à rentrer. Il écrit au duc de Feltre ; pour réponse, il reçoit son arrêt de mort.

» Frappé de cet arrêt, le duc fût volontiers resté à Smyrne. Mais je ne sais quelle sorte d'acharnement on mettait à le poursuivre même au-delà des terres européennes.

» Inquiété par la diplomatie française, il cherche et trouve un appui chez les consuls des nations étrangères ; il s'embarque sur un bâtiment autrichien qui faisait voile pour Trieste, où il aborde le 1er mai 1817. Il demande asile ; on lui assigne pour résidence la ville de Gratz en Styrie. Là, il doit le dire, il a trouvé, sous la protection éminente de l'empereur d'Autriche, la plus noble hospitalité ; et dans l'élan de sa vive reconnaissance, il ne peut s'empêcher de s'écrier : Honneur aux Gouvernemens qui prouvent ainsi par leurs actes, que la civilisation ne consiste pas seulement dans le progrès des sciences, des arts et de l'industrie, mais dans la douce pratique des devoirs les plus chers de l'humanité.

» De Gratz, le duc écrit au garde-des-sceaux de France, et demande encore des juges : point de réponse.

» Il écrit à sa femme ; elle accourt près de lui (16 août 1817).
Ni la distance des lieux , ni la fatigue du voyage , ni le mau-
vais état de sa santé , rien n'arrête cette courageuse mère
de famille ; elle est accompagnée de sa fille aînée.

» Au milieu de tant de traverses , après deux ans de malheurs et d'exil, le duc, pour un instant du moins, peut pres-
ser dans ses bras son épouse et sa fille.

» Bientôt madame la duchesse revient à Paris avec des lettres pour les divers ministres. Le duc insiste encore auprès
d'eux pour avoir l'autorisation de rentrer en France purger
sa contumace.

» Des réponses particulières, sorties de bonne source , lui
font pressentir « qu'il devait y avoir une *loi de rappel*, et
» qu'il valait mieux attendre , pour en profiter, que de s'ex-
» poser à venir se soumettre au jugement toujours incertain
» des hommes. » *La rage y est encore*, disait une de ces
lettres.

» Alors le duc se décide à retourner à Smyrne , sous l'as-
surance qui lui fut donnée, au nom du gouvernement français , par l'intermédiaire de la légation autrichienne, qu'il
n'y serait pas inquiété.

» Arrivé pour la deuxième fois à Smyrne (juin 1818), le
duc de Rovigo s'y créa des occupations littéraires, et il y
mena , pendant près d'une année , une vie tranquille qui ne
fut troublée que par un seul incident, fâcheux sans doute par
l'imprudence de celui qui l'occasionna ; mais dans lequel
toutefois le général français , placé sous la seule invocation
du droit des gens, sut faire respecter sa personne insultée et
son caractère outragé.

» Cet événement (dont les journaux ont rendu compte)
ayant fait craindre au duc de nouvelles persécutions, il se
détermina à s'embarquer sur un vaisseau anglais qui le con-
duisit à Londres , où il est descendu en juin 1819.

» Là, il doit le dire encore, quelle que fût d'ailleurs la

politique du gouvernement anglais, qu'il n'a pas le droit d'examiner, il ne peut s'empêcher de rendre un éclatant hommage à la noble générosité avec laquelle plusieurs Anglais lui donnèrent asile. Dans ce pays, du moins, il est vrai de dire que la maison de chaque citoyen est un refuge assuré, un fort impénétrable qu'aucun agent même de l'autorité n'oserait entreprendre impunément de forcer. Législation admirable, puisqu'elle grandit l'homme, en donnant aux simples particuliers l'heureux pouvoir de placer d'infortunés proscrits sous la protection de leurs dieux domestiques, à l'abri des extraditions ! . . .

» Ce souvenir de l'hospitalité anglaise console le duc des vexations ministérielles dont on s'est efforcé de le rendre l'objet pendant son séjour en Angleterre.

» Dans ces derniers temps on lui avait fait entendre qu'il devait se rendre à Hambourg. Mais, pour cette fois, lassé de tant de fluctuations et d'incertitudes, il se résout à mettre un terme à la vie errante qu'il menait depuis quatre ans.

» Il se reporte aux circonstances de l'accusation ; il s'interroge lui-même, et ne trouvant rien en lui qui pût motiver ni même excuser la rigueur sanguinaire avec laquelle on l'avait traité, il forme tout-à-coup le projet de rentrer en France, et de faire un appel immédiat à la justice du Roi.

» On lui refuse des passeports , mais il trouve le moyen de s'en passer. Il s'embarque à Douvres, le 4 décembre 1819, prend terre à Ostende, se rend à Bruxelles, y achète une voiture, et vient directement à Paris sans être inquiété sur la route, et sans autre précaution que d'éviter avec soin ces machines télégraphiqres, si fatales à plus d'un accusé !

» Le 17 décembre, il descend à son hôtel, qui le croirait! sous l'escorte d'un jeune officier anglais, qui avait pris sur lui le soin obligeant de le ramener au sein de sa famille, à l'exemple de ses trois généreux compatriotes qui , quatre ans auparavant, avaient enlevé de France et soustrait à la peine de mort, l'infortuné dont le nom précède immédiatement celui du duc de Rovigo sur la liste du 24 juillet.

« A ce seul rapprochement, on voit combien les temps sont changés!....

» Si le duc a voulu venir jusqu'à Paris même, ce n'est point pour *braver* l'autorité : tant d'orgueil n'entre pas dans l'ame d'un proscrit! Mais il a réfléchi que s'il était arrêté, ou s'il se constituait prisonnier dans une ville frontière, sa famille en serait alarmée; qu'il serait privé de son secours et de celui de ses amis ; qu'il lui serait peut-être moins facile de trouver un défenseur ; il a cru enfin qu'à Paris , sous les yeux mêmes du gouvernement, au centre de l'autorité, là où son action plus puissante est aussi mieux réglée que partout ailleurs, il obtiendrait sans délai cette justice, objet de ses vœux, à laquelle il est venu fièrement confier sa tête et ses destinées.

» Combien il doit s'applaudir, Messieurs, d'avoir suivi ce généreux dessein, en voyant l'équité du monarque s'empresser de lui faire indiquer le tribunal devant lequel il aurait à comparaître, et lui donner pour juges d'anciens compagnons d'armes, aussi renommés par la fermeté de leurs principes que par l'éclat de leurs belles actions!

» Ces explications étaient nécessaires, Messieurs, pour faire connaître la conduite du général Savary aux yeux de ses compatriotes et de tous ceux dont il a eu à se plaindre ou à se louer.

» Par l'arrivée du duc, l'arrêt de contumace est annulé de plein droit : il est effacé. Il ne reste plus qu'une accusation à peine soutenue, insoutenable en effet, et sur laquelle je regarderais même toute discussion comme superflue, si, dans la position du duc, avec le nom qu'il porte et les souvenirs qui s'y rattachent, son honneur et celui de sa famille n'exigeaient pas que j'anéantisse, comme je le puis et comme je vais le faire, jusqu'aux moindres traces des premières impressions qu'elle a pu faire naître contre lui. »

Après cet exposé, qui excite au plus haut degré l'intérêt de l'auditoire, Mᵉ Dupin passe à l'examen de l'accusation. Nous allons analyser cette partie de sa plaidoirie.

Il commence par rendre hommage à l'impartialité de M. le rapporteur. Ensuite il précise l'accusation ; elle se réduit à deux chefs ; le duc est accusé : 1° d'avoir entretenu avec l'île d'Elbe des correspondances criminelles, et d'avoir favorisé le retour de Napoléon ; 2° de s'être emparé du pouvoir avant le 23 mars 1815.

Le premier chef est appuyé sur la lettre opposée au duc de Rovigo ; mais d'une part, Mᵉ Dupin nie que cette lettre soit du duc ; de l'autre, fût-elle de lui, il n'en résulterait aucune charge.

Mᵉ Dupin examine d'abord cette première question : La lettre est-elle du duc? Pour se convaincre du contraire, il suffit, dit-il, de faire attention aux circonstances suivantes :

1°. Cette lettre n'a été produite qu'à la fin d'août 1816, et cependant le duc a été proscrit le 24 juillet 1815 ; par conséquent, proscrit *par provision* et en attendant les preuves.

2°. Elle est sans date et sans adresse ; de sorte qu'on ne peut la rattacher ni à une époque fixe ni à une personne déterminée.

3°. Comment cette lettre est-elle au procès ?—On prétend qu'elle a été adressée au duc d'Otrante. Mais est-ce donc lui qui l'a envoyée? Non sans doute, car cette lettre disant que Renoult a été le colporteur des communications entre l'île d'Elbe et *nous ;* ce dernier mot aurait compromis le duc d'Otrante aussi bien que le duc de Rovigo. Le duc d'Otrante l'eût donc supprimée, sinon dans les cent jours, au moins depuis, lorsqu'il a changé, non de ministère, mais de maître et d'opinion ; il l'eût supprimée, ne fût-ce qu'au mois de juillet, lorsqu'il contresignait l'ordonnance du 24. Mais si ce n'est pas le duc d'Otrante qui a livré la lettre, comment a-t-elle été introduite dans la procédure ? Ceux qui ont pris communication du dossier de 1816, y ont lu la lettre suivante :

Etat-major de Paris, 1re *division militaire.*

Paris, 28 août 1816.

« Monsieur,

» J'ai l'honneur de vous transmettre ci-jointe, une lettre entièrement écrite de la main du duc de Rovigo (Savary), et signée de lui, par laquelle il recommande au duc d'Otrante, à qui elle était adressée, le docteur Renoult, comme l'agent d'une correspondance entre l'île d'Elbe et le parti de l'usurpateur.

» Ce monument *incontestable* de la *culpabilité* de Savary, servira à la fois à compléter votre instruction et à éclairer la justice du conseil sur les trames du prévenu. »

Le général command. la 1re *divis. milit.,* comte DESPINOIS.

A M. Viotti, rapporteur.

Me Dupin fait remarquer le ton de partialité de cette lettre qui n'aurait dû être qu'une simple lettre d'envoi, et qui renferme non-seulement une accusation, mais en quelque sorte une sentence, puisqu'on y parle affirmativement de la culpabilité. Voilà, dit-il, en quels termes et sous quelle influence on a procédé en 1816 au jugement du duc de Rovigo ! — Mais il y a toujours une circonstance qui reste dans l'obscurité : de qui M. le comte Despinois tenait-il cette lettre ?.....

Joignez à cela l'absence de tout souvenir de la part du duc de Rovigo d'avoir écrit une pareille lettre, et la conviction qu'il avait de sa fausseté, et vous ne serez pas surpris qu'il ait refusé de la reconnaître.

Mais, dira-t-on, des experts écrivains ont constaté dans

leur rapport, que l'écriture de cette lettre était de la même main qu'une pièce de comparaison écrite par le duc, sous les yeux de M. le rapporteur.

Ah ! Messieurs, la multiplicité des faux, la difficulté de les reconnaître avec certitude, et les nombreuses erreurs des hommes les plus intègres, appelés à donner leur avis en pareille matière, ont depuis long-temps fait regarder la vérification des écritures par experts comme une chose purement conjecturale et qui n'offrait aucune certitude.

Malgré l'appareil des mots scientifiques dont ils s'entourent, *raideur des agens moteurs, flexibilité des doigts et de l'avant-bras, aptitude générale du corps et de la main*, etc.; malgré, dis-je, ce docte mélange d'anatomie et de métaphysique, la science des vérifications d'écritures n'en est pas moins une science vaine ; et nous pouvons dire hardiment de nos experts écrivains, ce que les Romains disaient de leurs augures, qu'on ne conçoit pas comment ils peuvent se regarder sans rire. (On rit effectivement en regardant les experts.),

Que peuvent-ils attester, en effet? poursuit M⁰ Dupin. Non pas que la pièce est de tel individu, car ils n'ont aucune certitude à cet égard ; mais ils déposent uniquement sur l'état matériel de la pièce, sur la similitude ou la dissemblance des écritures et des caractères.

Aussi un expert-écrivain qui, lassé apparemment de faire des rapports, a voulu faire des livres, Levayer de Boutigny, qui a écrit *sur la preuve par comparaison d'écritures*, parle de son art en ces termes : « Il est certain que la commune opinion de tous les docteurs est qu'il n'y a que *doute et incertitude* dans la comparaison des écritures ; elle ne peut tout au plus aller qu'à former une présomption telle quelle. » Or, dit M⁰ Dupin, ouvrez le Dictionnaire de l'Académie au mot *telle quelle*, et vous verrez qu'on l'interprète ainsi : TELLE QUELLE, *plus mauvaise que bonne.*

D'ailleurs, à quelle époque les expertises sur les écritures ont-elles commencé à être en usage parmi nous? à une époque où la justice était rendue par des seigneurs féodaux qui ne savaient ni lire ni écrire (1) : il fallait bien alors qu'ils s'en rapportassent à des experts. Mais depuis que les connaissances se sont répandues, que les juges ont acquis plus d'instruction, et sont devenus capables de juger par eux-mêmes ces sortes de questions; les expertises sur les comparaisons et vérifications d'écritures, quoique conservées par habitude , ont perdu de fait presque tout leur crédit.

En effet, combien d'exemples n'avons-nous pas d'erreurs commises en cette matière, non-seulement de la part des experts, mais même de la part des personnes appelées à reconnaître leur propre écriture! Combien de négocians, par exemple, ont payé comme émanés d'eux des billets que réellement ils n'avaient pas signés! Et la raison en est simple : si la différence entre les écritures était sensible, il n'y aurait pas faux, à proprement parler; car le faux ne consiste que dans l'imitation du vrai. *Nihil aliud est falsitas, nisi veritatis imitatio*, dit la loi romaine. Or, cette imitation va souvent jusqu'à la perfection.

La loi, en pareil cas, ne s'en rapporte pas aux experts ; elle remet le tout à la prudence du juge. Il ne faut donc voir qu'une chose dans le rapport dont il s'agit, une grande identité entre l'écriture de la lettre et celle du duc; et, du reste, il faut examiner si les circonstances de la cause viennent confirmer ou détruire l'induction qu'on voudrait d'abord tirer de cette similitude.

---

(1) « Lequel a déclaré ne savoir signer, attendu sa qualité de gentil-» homme, » portent la plupart des actes notariés passés dans les bons vieux temps féodaux. Le connétable de Montmorency lui-même, quoique d'ailleurs grand capitaine, ne savait pas écrire, disent nos historiens.

Or, rappelez-vous maintenant toutes les remarques que j'ai déjà faites sur la lettre attribuée au duc, et joignez-y celles-ci : 1° la lettre est une réponse ; où est la demande? Si le duc a eu l'imprudence d'accorder une recommandation en ces termes, il n'aura pas vu de danger à garder la pétition ; 2° la lettre est une recommandation ; où est l'homme recommandé? M. Renoult nie l'avoir ni demandée, ni obtenue ; on n'a pu dans le temps lui prouver le contraire ; et il vient de vous reproduire les raisons avec lesquelles il s'est défendu. D'abord la place était supprimée, et il savait avec certitude qu'on ne la rétablirait pas. Ensuite comment le mot *colporteur* pourrait-il s'appliquer à lui? il n'a pas quitté Paris depuis 1811 ; et en sa qualité de médecin de la préfecture de police, il ne s'est pas passé un seul jour sans que, pour raison de son service, il n'ait donné sa signature sur les registres de cette administration. Ainsi le contenu de la pièce serait faux. Donc la pièce elle-même est fausse.

Mais qui donc aurait commis ce faux?

Messieurs, s'il était besoin pour la défense du duc de remonter à la source.... il ne serait pas impossible peut-être d'en découvrir l'auteur. Rappelons-nous seulement que cette lettre n'a été introduite au procès qu'un an après la proscription du duc, et seulement à l'époque de son jugement par contumace, en 1816 !.....

Mais nous pouvons nous passer de toutes recherches à cet égard, parce qu'il est suffisamment démontré que la pièce n'est pas du duc, et parce que, fût-elle de sa main, il n'en résulterait rien contre lui.

En effet, cette lettre parle de communications avec l'île d'Elbe : mais toute espèce de communication n'était pas défendue avec cette île. Il y avait une poste française qui faisait le service. Il faudrait donc examiner si ces communications étaient innocentes ou criminelles?

Ici ce serait à l'accusateur à prouver ; or, non-seulement

il ne prouve pas, mais il n'articule aucun fait ; et M. le
rapporteur, avec cette probité d'opinion et cette impartialité dont il a fait preuve devant vous, convient qu'il n'a aucun document sur ce point.

D'ailleurs il suffit d'examiner quelle a été la conduite de
M. le duc de Rovigo, pour se convaincre qu'il n'a eu aucune
communication avec l'île d'Elbe. Il vivait à la campagne,
retiré, ne recevant presque personne ; il était l'objet d'une
surveillance active, et en même temps facile, puisqu'il ha-
bitait une terre isolée. Qu'on interroge les rapports de police dont il a pu être l'objet, et l'on verra si ses relations
étaient suspectes. — Qui eût-il employé ? Ses anciens agens de
police ou ses anciens gendarmes ? Un seul est-il venu chez
lui......? — Si le duc eût contribué au retour ; lorsqu'il fut
inquiété en mars, il eût fui du côté de Napoléon ; et précisément il a fui du côté opposé.

Après l'arrivée de Napoléon, s'il est allé le voir, ce n'est
qu'après avoir reçu, comme tous les grands personnages
de la capitale et tous les anciens chefs de l'administration,
l'invitation de se rendre aux Tuileries. Et en résultat, quelle
faveur, quelle si grande place a-t-il obtenue, qu'on puisse
regarder comme la récompense de services rendus au prisonnier de l'île d'Elbe? un poste fort inférieur à celui qu'il
occupait auparavant.

Ceci nous conduit à examiner le second chef. Mais sur le
premier, il est constant que la lettre n'est pas du duc ; et
fût-elle de lui, il n'est pas prouvé que les communications
dont elle parle fussent criminelles.

Le premier chef d'accusation est donc tout-à-fait sans
fondement.

Passons au second. Le duc s'est-il emparé du pouvoir
avant le 23 mars 1815?

Ici Me Dupin entame une discussion préliminaire sur l'ordonnance du 24 juillet 1815. Ce n'est pas, dit-il, une loi

pénàle ; elle ne définit pas les délits, elle n'inflige pas de peines ; elle n'a trait qu'à la mise eu jugement ; c'est une ordonnance du genre de celles qu'on appelait autrefois *lettres excitatives de juridiction.*

Voyons ce que porte l'article 1er. « Les généraux et officiers qui ont trahi le Roi avant le 23 mars, ou qui ont attaqué la France et le gouvernement à main armée, et ceux qui par violence se sont emparés du pouvoir, seront arrêtés et traduits devant les conseils de guerre compétens. »

Me Dupin examine ensuite si M. le duc de Rovigo est dans les termes de sa disposition. Non, dit-il, le duc de Rovigo n'a pas trahi le Roi. Qu'est-ce que trahir? Ce mot n'est pas difficile à définir devant un tribunal composé de guerriers français. Trahir, c'est tourner contre quelqu'un un pouvoir qu'on n'a recu de lui que pour le défendre ou le protéger. Un commandant trahit, par exemple, lorsqu'il livre à l'ennemi une ville qu'il était chargé de défendre au prix de son sang. Mais le duc de Rovigo n'avait aucune mission, aucune place, aucune autorité ; il n'a donc pas tourné contre le Roi un pouvoir qu'il tînt du Roi ; il n'a donc pas trahi le Roi.

A-t-il été *rebelle?* Sans doute il mériterait ce nom, si, comme le dit l'ordonnance, il eût attaqué la France et le gouvernement *à main armée;* mais il n'est pas même accusé de ce fait ; je n'ai donc pas à l'en justifier.

S'est-il du moins emparé du pouvoir?

Me Dupin fait remarquer ici que la question est complexe, et que pour être dans les termes de l'ordonnance, il faut la diviser en trois :

1° Le duc s'est-il *emparé* du pouvoir?

2° S'en est-il emparé *par violence?*

3° S'en est-il emparé *avant le 23 mars 1815?*

Une seule de ces circonstances manquant, l'ordonnance est inapplicable ; à plus forte raison, si elles manquent toutes trois.

Et d'abord, qu'est-ce que s'emparer du pouvoir dans le sens de l'art. 1er ? C'est par exemple, aller, à la tête d'une troupe d'hommes armés , envahir une mairie, une préfecture , une administration quelconque ; mais il en est autrement de ceux qui ont reçu un pouvoir qu'ils ne recherchaient pas , et qui ne l'ont reçu qu'à leur corps défendant.

Ainsi, pour appliquer cette distinction au duc de Rovigo, si le 20 mars il se fût transporté au ministère de la police avec un piquet de gendarmerie ; qu'il eût chassé le titulaire royal et repris ses anciennes fonctions, il serait dans le cas prévu par l'ordonnance du 24 juillet.

Mais il a précisément fait tout le contraire.

Le 20 mars au matin, les ambassadeurs d'Angleterre et d'Autriche, le supposant apparemment réintégré de plein droit dans ses fonctions , parce que l'empereur avait couché à Fontainebleau , et qu'on l'attendait à Paris ; s'adressèrent au duc de Rovigo comme ministre de la police générale, pour avoir des passeports ; il leur répondit qu'il était sans caractère , et qu'ils devaient s'adresser à M. Dandré , ministre du Roi près duquel ils étaient accrédités.

Les employés de la préfecture craignant de se compromettre s'ils agissaient de leur chef, vinrent prier M. le duc de Rovigo de leur donner des ordres , alléguant que la police de Paris exigeait une activité non interrompue et une action de toutes les heures , de tous les instants ; il leur dit : *Faites comme si le préfet était absent , mort ou malade.*

Quant à l'inspection de la gendarmerie , même raisonnement. Si le duc de Rovigo se fût transporté à l'hôtel de M. le maréchal Moncey, qu'il eût envahi ses bureaux, qu'il s'en fût emparé par violence, il serait coupable.

Mais il a tenu une conduite tout opposée.

Il ne s'empare pas du pouvoir , on le lui défère.

Un décret le nomme ; le ministre de la guerre lui enjoint d'obéir.

Loin de céder avec empressement, le duc résiste.

Le 21 , il envoie M. le colonel Lagorce chez M. le maréchal Moncey pour le prier de rester à un poste qu'il a si dignement rempli ; le lendemain 22 , il y va lui-même pour réitérer ses instances. Le même jour 22 , à neuf heures du soir, madame la duchesse, qui ce jour-là avait dîné aux Tuileries, remet après-dîné, à Napoléon, la démission de son mari. Est-ce là, je le demande, s'emparer du pouvoir? Est - ce là surtout s'en emparer avec *violence ?*

Mais il est une dernière circonstance. Il faudrait en tout cas que le duc s'en fût emparé *avant* le 23 mars. Eh bien ! fixons-nous sur les époques , et nous verrons que cette troisième circonstance manque encore.

On oppose le décret de nomination du 20 mars. Ce décret aurait pu être du 15, du 10 ou du 1er mars , qu'importe? C'est là le fait de celui qui nomme, tandis qu'il s'agit , dans l'accusation , du fait de celui qu'on suppose avoir accepté.

Or, ce n'est que le 21 que Napoléon a dit au duc : *Je vous ai nommé,* etc. Ce jour-là le duc n'a point accepté ; le 22., à quatre heures , il insistait encore auprès de M. le maréchal Moncey pour l'engager à rester; à neuf heures du soir , le même jour , il était en état de démission. Il acceptera plus tard ; eh ! qu'importe ! Toujours sera-t-il vrai qu'il n'aura pas accepté *avant* le 23 mars, comme le veut l'ordonnance, mais seulement *après.*

D'ailleurs, il ne s'agit pas de la *simple acceptation* de fonctions. Autrement , il faudrait faire le procès à tous les fonctionnaires des cent jours ; et le nombre des coupables serait grand , car je ne sache pas qu'une seule place soit restée vacante à cette époque-là; mais il s'agit de *l'emparement du pouvoir* et de son exercice.

Or, il est de fait que M. le duc de Rovigo n'a exercé aucune fonction à l'hôtel Moncey; il n'a pris possession que rue Cérutti, où les bureaux n'ont été transportés que le 23 et le 24. M. Yvert, chef de ces bureaux, vous a assuré que le duc n'a pu donner de signatures que le 25.

D'ailleurs, où sont les actes de son administration qu'on pourrait lui opposer antérieurement à cette époque? Il n'en existe aucun. Le changement d'inspecteur-général a entraîné des changemens secondaires. Or, qu'on interroge ceux qui à cette époque ont pu être atteints par des destitutions ou des changemens de destination : il n'en est pas un qui se soit trouvé dans ce cas avant le 25 (1).

Dans la première procédure, on avait parlé d'un ordre du jour rédigé le 23 ; mais outre que cette date est déjà hors les termes de l'ordonnance, il a été vérifié sur le registre de l'imprimeur que cet ordre du jour n'a été achevé d'imprimer que le 24 ; il n'a donc pu être expédié que le 25.

Enfin, on a objecté au général Savary qu'il avait été payé de son traitement, à compter du 20 mars. Mais il a répondu lui-même que l'usage constant dans le militaire était de payer les officiers du jour de leur nomination, et non du jour de leur entrée en fonctions.

Après avoir ainsi détruit successivement toutes les charges, Mᵉ Dupin se résume, et il conclut de toute sa discussion : 1°. Que M. le duc de Rovigo n'a pas entretenu de correspondance criminelle avec l'île d'Elbe ; 2° qu'il ne s'est pas emparé du pouvoir, qu'il ne s'en est pas emparé par violence, qu'enfin il ne s'en est pas emparé avant le 23 mars.

Tout-à-coup, il s'arrête à cette dernière circonstance. Eh quoi! dit-il, n'est-il pas de principe que la loi doit avertir avant que de frapper : *moneat priusquàm feriat*, dit le chancelier Bacon ; une loi pénale surtout doit toujours précéder le délit, et ici c'est le 24 juillet 1815 qu'on défend de s'emparer du pouvoir avant le 23 mars précédent !

Voyez un peu, dit Mᵉ Dupin, l'arbitraire qui en résulte.

---

(1) M. le président du conseil était dans ce cas; il avait été remplacé le 25.

Le Roi a quitté Lille le 23 ; et ce jour-là , lorsqu'à peine le Roi avait franchi le seuil de la frontière, lorsqu'il était encore en vue, une main audacieuse aurait pu avec impunité précipiter l'étendard royal et le remplacer par un autre ; et la veille, ceux qui sur le rivage de Cannes, envahi et occupé à cette époque depuis 22 jours, auraient accepté des fonctions, seraient trouvés coupables !

Mais à quoi m'arrêté-je, Messieurs ? dit Mᵉ Dupin en finissant ; vous vous élèverez à d'autres considérations. Vous n'êtes pas seulement juges ; avant tout vous êtes jurés : tout peut et doit entrer dans la balance de vos déterminations. Eh bien ! daignez m'écouter.

S'il est vrai que dans les premiers temps de son établissement ou de son rétablissement, un gouvernement ne puisse être affermi que par des actes de rigueur ; au moins on m'accordera que de tels actes sont superflus, et même dangereux, quand rien ne menace plus son existence.

Ne parlons plus de 1816..... Aujourd'hui, on est las, fatigué, rassasié ; on ne demande, on ne veut que le repos ; chacun se dit et répète aux autres :

Eh quoi ! toujours du sang et toujours des supplices !

Remarquez d'ailleurs quelle bizarre différence entre le sort des hommes qui ont couru les mêmes chances et mérité qu'on portât d'eux le même jugement !

Le duc de Rovigo est accusé d'avoir recommandé le docteur Renoult pour une cause qui, si elle avait réellement existé, accuserait principalement ce docteur ; et pourtant celui-ci a été trouvé innocent, même en 1816 ! Condamnera-t-on pour le même fait le duc de Rovigo en 1819 ?

Ce duc est accusé pour avoir accepté un pouvoir que lui a déféré le prince d'Eckmuhl :

Quand le bras a failli, l'on en punit la tête :

Ici, au contraire, M. le duc de Rovigo a été condamné

à mort pour avoir obéi ; et celui qui a donné l'ordre est prince, pair et maréchal, et digne de l'être en effet.

Messieurs, au nom de la patrie, entendez le cri de la France, ou plutôt écoutez le cri de votre propre cœur : écoutez cette inspiration qui ne trompe jamais. Tout vous dit : Plus de sang, plus de supplices, plus de vengeances, plus de réactions, plus de haines ; *union et oubli.*

Général, oubliez vos malheurs ; ne vous souvenez que de la justice qui va vous être rendue ; cherchez désormais dans les douceurs de la vie privée, au sein d'une famille qui vous adore et que vous chérissez, un dédommagement aux disgrâces que vous avez éprouvées dans votre vie politique.

Quant à moi, Messieurs, puisque la Providence a permis que je défendisse le premier et le dernier des noms inscrits sur une liste fatale, puisse la voix unanime qui acquittera celui-ci, consoler les mânes de l'autre ! puissé-je voir aujourd'hui le terme de tant de funestes procès, et désormais n'avoir plus occasion de prêter le secours de ma toge à ces braves qui pendant si long-temps prêtèrent à la patrie l'héroïque appui de leur vaillante épée !

Après trois quarts d'heure de délibération, le conseil a déclaré, à l'unanimité des voix, que M. le duc de Rovigo n'était pas coupable, et ordonné qu'il serait mis sur-le-champ en liberté.

Le duc de Rovigo est en effet sorti immédiatement de prison ; et les mêmes soldats qui avaient été commandés pour répondre de sa personne avant son jugement, lui ont, aussitôt après son acquittement, rendu les honneurs militaires dûs au rang éminent qu'il occupe dans l'Armée.

EXTRAIT DE L'ARTICLE DE M. JAY,

Inséré dans la Minerve, tome VIII, page 403.

L'heureuse issue du procès intenté au duc de Rovigo offre une source si abondante de réflexions utiles, elle fournit une leçon si salutaire aux hommes investis de l'autorité, que nous avons cru devoir lui consacrer quelques pages de *la Minerve.*

Les journaux ont rendu compte des débats qui se sont ouverts, le 27 du mois dernier, devant le premier conseil de guerre de la première division militaire; ils ont publié le discours que M. Dupin a prononcé dans la défense du duc de Rovigo. Les hommes sensibles aux charmes de l'éloquence, quels que soient d'ailleurs leurs sentimens, ont admiré la noble franchise de cet orateur qui, dans les temps les plus orageux, lorsqu'une opinion factice, ou plutôt factieuse, indiquait à la calomnie et à la persécution les défenseurs de la vérité et de la justice, répondit toujours à l'appel du malheur, et ne manqua jamais de lui prêter le secours de son courage et de son talent.

Le prévenu a été acquitté à l'unanimité; trois ans auparavant, le conseil de guerre l'avait aussi condamné à mort à l'unanimité. Ainsi les nuages sous lesquels l'esprit de vengeance et de faction s'efforce de cacher la justice, sont dissipés par le temps; ainsi les malheureux que poursuit la haine, qui prend le nom de dévouement, et qui tombent sous ses coups, n'ont à se reprocher que leur confiance dans les lois et que la sécurité de l'innocence. Ils seraient absous aujourd'hui, ces deux frères de la Réole dont le sang versé accuse devant Dieu et devant les hommes la désastreuse époque qui les vit périr. Nés le même jour, émules de gloire, rivaux de patriotisme, blessés sur le même champ de bataille, élevés aux mêmes honneurs, ils perdirent la vie au même instant. Singulière et touchante destinée ! La mort même ne put les séparer. Après les derniers embrassemens, ils présentèrent un front calme à leurs bourreaux : ils tombèrent en se tenant par la main, et leurs cendres fraternelles reposent dans le même tombeau.

Combien d'autres innocentes victimes des réactions sortiraient aujourd'hui avec honneur de ces épreuves terribles où les uns ont trouvé la mort, et d'autres une indulgence encore plus cruelle. Des temps plus doux sont arrivés ; mais tu ne peux en jouir, malheureux Travot ! Ni ta bravoure dans les combats, ni ton humanité après la victoire, ni les services que tu rendais à tes ennemis, n'ont pu suspendre l'arrêt fatal qui t'a séparé pour jamais des communications sociales ! Les efforts de l'amitié, les soins assidus de la tendresse conjugale ne peuvent dissiper les ténèbres intellectuelles où l'infortune et la solitude des cachots ont plongé ta raison. Pourquoi n'as-tu pas quitté ta patrie, en proie à la fureur d'une faction ? Pourquoi n'es-tu pas allé demander l'hospitalité à ces nations que nous traitons de barbares ? Ton malheur aurait été respecté, et tu reviendrais aujourd'hui réclamer sans crainte la justice dont le front n'est plus voilé.

L'une des choses qui m'ont le plus frappé dans le récit des événemens de la vie errante du duc de Rovigo, ce sont les poursuites infatigables de la diplomatie française, et l'accueil qu'il a reçu en Turquie, en Autriche, en Angleterre, pays si différens, d'habitudes, de préjugés et de lois. Il est donc un sentiment général qui sert de lien à tous les hommes et qui se trouve au fond de tous les cœurs : ce sentiment, c'est l'humanité ; c'est lui qui triomphe des préventions nationales, qui adoucit les mœurs et qui supplée même au langage.

L'événement de ce procès établit victorieusemeut un fait qui n'a été révoqué en doute que par des imposteurs ou des dupes ; c'est que l'arrivée de Napoléon, en 1815, sur les côtes de la Provence, a été imprévue ; que la conspiration ourdie en sa faveur n'a existé que dans l'imagination des hommes qui cherchaient un prétexte pour relever les échafauds, et pour accomplir, à l'aide de la terreur, leurs projets de contre-révolution. C'est aujourd'hui une vérité positive. On a cherché, pendant plusieurs années, à donner un corps à ce fantôme de conspiration : à défaut de preuves, on a poursuivi jusqu'aux moindres indices, et cependant toute l'industrie des inquisiteurs a été en défaut. Rien n'a pu être découvert, parce que rien de ce genre n'existait. On ne peut plus alléguer la moindre excuse pour le sang répandu, pour les exils prononcés, pour les destitutions, les accusations, les proscriptions. Cette impuissance de preuves est la condamnation la plus sévère des hommes et du système de 1815.

Lorsqu'à la suite des événemens politiques, les droits individuels et la sécurité publique sont menacés, que ce soit au nom de *la légitimité*, *de la religion* ou *de la liberté*, peu importe ; lorsque des cris forcenés se font entendre ; qu'on rejette sur les individus les torts de la fortune ou les fautes des gouvernemens ; qu'on sollicite des victimes, qu'on demande du sang, du sang, toujours du sang ; lorsque les liens de l'amitié, de la reconnaissance, sont brisés ; qu'on parle de morale avec emportement, de justice avec fureur ; lorsqu'enfin le calme est un scandale, et la haine des assassins un délit ; n'en doutez plus, ce n'est point un gouvernement régulier qui domine, c'est une faction. Vous la reconnaîtrez même à ses raisonnemens. C'est dans le passé qu'elle cherche ses apologies ; si vous lui reprochez de coupables excès, elle répondra qu'ils n'approchent point des excès commis à une autre époque ; elle aura des exemples pour chaque accès de rage, des précédens pour chaque crime.

Ces remarques ne sont point destinées à jeter les esprits dans une nouvelle irritation. Je voudrais que tous les hommes fussent bien convaincus qu'un parti qui triomphe sans modération est un parti qui doit inévitablement tomber; je voudrais, quels que soient les événemens que l'avenir nous prépare, je voudrais, dis-je, qu'il ne fût plus versé de sang pour de simples opinions, qu'on repoussât avec mépris les projets de vengeances et de réactions. Trop de sang a coulé dans notre malheureuse patrie ; trop de haine a divisé ses citoyens ; trop d'infortunes individuelles ont grossi la somme des malheurs publics : il est temps que nous revenions à des idées justes, à des sentimens généreux, et à cette morale que les factieux invoquent sans cesse en l'outrageant.

Telles sont les réflexions que je voulais présenter à mes lecteurs à l'occasion du procès intenté au duc de Rovigo. Je croirais cette tâche mal remplie, si je n'ajoutais que l'accusé a tenu, dans son exil, comme dans sa comparution au tribunal, une conduite pleine de noblesse et de dignité. Son arrivée n'était point prévue ; il ignorait si l'esprit de parti était suffisamment apaisé, pour lui permettre une solennelle justification. Errant de mers en mers, de pays en pays, il ne savait pas jusqu'à quel point le système de 1815 était réprouvé par l'opinion publique et par le sentiment national ; on lui offrait des passe-ports pour retourner à l'étranger ; la vue de sa famille, les embrassemens de sa femme et de ses enfans rendaient un second exil impossible. Il fallait vivre ou mourir sur le sol natal. Les passe-ports ont été refusés : et combien le général ne doit-il pas s'applaudir aujourd'hui de la sécurité que lui a inspirée le sentiment de son innocence, et une juste confiance dans l'équité du roi !